CME
3rd Edition

Chinese Characters Workbook 汉字练习册

Simplified Character Version 简体版

Joint Publishing (H.K.) Co., Ltd.
三联书店(香港)有限公司

目 录

第一单元　第一课　　十个十是一百　　　　　　　　　　　　　　　1

　　　　　　第二课　　今天八号　　　　　　　　　　　　　　　　　4

　　　　　　第三课　　现在八点　　　　　　　　　　　　　　　　　7

第二单元　第四课　　我叫王月　　　　　　　　　　　　　　　　　10

　　　　　　第五课　　我家有七口人　　　　　　　　　　　　　　　14

　　　　　　第六课　　他长什么样　　　　　　　　　　　　　　　　17

第三单元　第七课　　我是中国人　　　　　　　　　　　　　　　　21

　　　　　　第八课　　我会说汉语　　　　　　　　　　　　　　　　27

　　　　　　第九课　　我爸爸是医生　　　　　　　　　　　　　　　32

第四单元　第十课　　我坐校车上学　　　　　　　　　　　　　　　36

　　　　　　第十一课　我家住在大理路　　　　　　　　　　　　　　40

　　　　　　第十二课　请进　　　　　　　　　　　　　　　　　　　43

第五单元　第十三课　我六点半起床　　　　　　　　　　　　　　　48

　　　　　　第十四课　我穿校服上学　　　　　　　　　　　　　　　52

　　　　　　第十五课　我的课外活动　　　　　　　　　　　　　　　57

第1单元　第一课　十个十是一百　课文一

yī 一
一

èr 一 二
二

sān 一 二 三
三

sì 丨 冂 叮 四 四
四

wǔ 一 丆 五 五
五

liù 丶 亠 六 六
六

qī 一 七
七

bā 丿 八
八

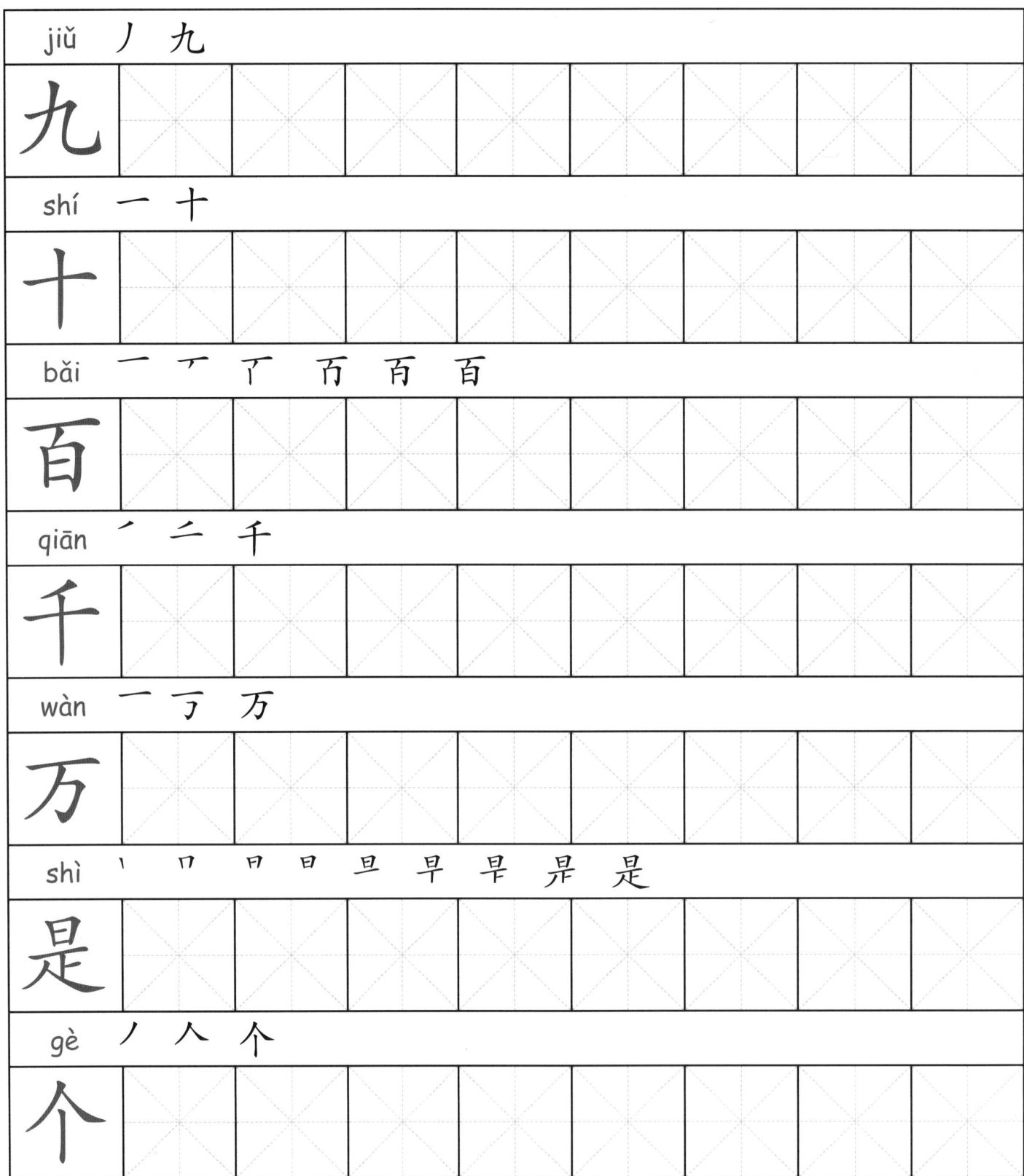

课文二

nǐ	丿	亻	亻	伫	伫	你	你
你							

wǒ	丿	一	于	手	我	我	我
我							

de	丿	亻	白	白	白	的	的
的							

péng	丿	月	月	月	朋	朋	朋
朋							

yǒu	一	𠂇	方	友			
友							

hǎo	乚	夊	女	女'	好	好	
好							

第1单元　第二课　今天八号　　课文一

shēng ノ ┌ ⊢ 牛 生
生

rì 丨 冂 冂 日
日

bā ノ 八
八

hào 丶 冂 口 旦 号
号

jiǔ ノ 九
九

yuè ノ 冂 月 月
月

jǐ ノ 几
几

xīng 丨 冂 口 日 旦 星 星 星
星

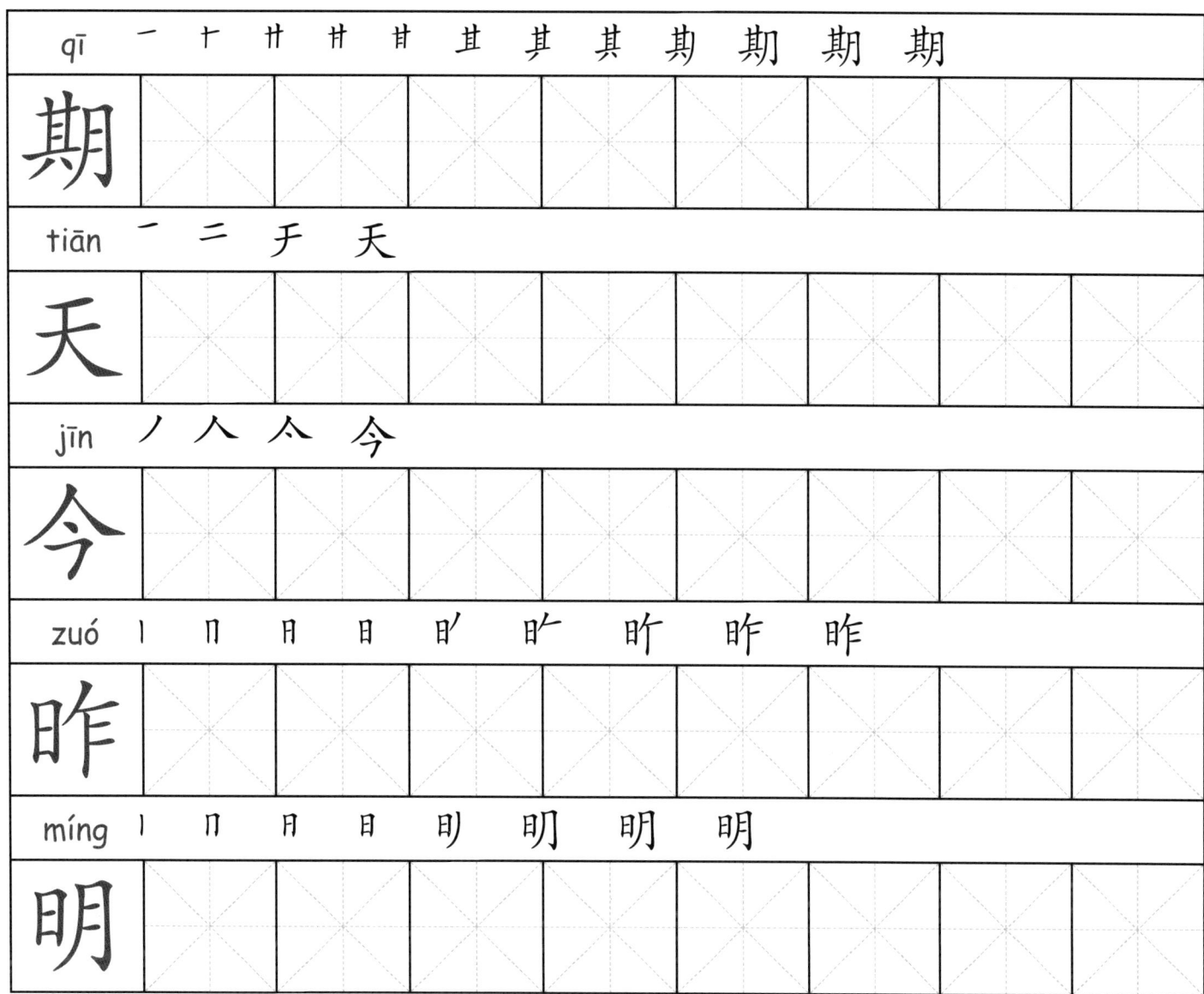

课文二

| xiè | 丶 | 讠 | 讠 | 讠 | 讥 | 诩 | 诩 | 谢 | 谢 | 谢 | 谢 |

谢										

| zhù | 丶 | ㇇ | 礻 | 礻 | 祀 | 祀 | 祀 | 祝 |

祝										

| kuài | 丶 | 丷 | 忄 | 忄 | 忄 | 快 | 快 |

快										

| lè | ㇀ | ㇋ | 牙 | 牙 | 乐 |

乐										

第1单元　第三课　现在八点　课文一

diǎn	丨 卜 占 占 占 点 点 点
点	

fēn	丿 八 分 分
分	

líng	一 厂 广 雨 雨 雨 雨 零 零 零 零 零 零
零	

kè	丶 亠 亥 亥 亥 刻 刻
刻	

liǎng	一 厂 兀 丙 丙 两 两
两	

bàn	丶 丷 䒑 半 半
半	

chā	丶 丷 䒑 兰 兰 羊 差 差 差
差	

xiàn	一 二 千 王 珇 玑 现 现
现	

zài 一ナ才左在在								
在								
le 了了								
了								

课文二

wǒ ノ二千手我我我								
我								
men ノ亻仁们们								
们								
jiàn 丨冂冂见见								
见								
zǎo 丨冂日日旦早								
早								
wǎn 丨冂日日日'日'日'日'日'日'晚晚								
晚								

shàng 丨 卜 上							
上							

zhōng 丨 冂 口 中							
中							

xià 一 丅 下							
下							

wǔ 丿 ⺊ 亠 午							
午							

第2单元　第四课　我叫王月　课文一

| mǎ | 𠃍 马 马 |
| 马 | |

| lǐ | 一 十 才 木 杏 李 李 |
| 李 | |

| wáng | 一 二 千 王 |
| 王 | |

| jiào | 丨 𠃌 口 叩 叫 |
| 叫 | |

| shén | 丿 亻 仁 什 |
| 什 | |

| me | 丿 厶 么 |
| 么 | |

| míng | 丿 夕 夕 夕 名 名 |
| 名 | |

| zì | 丶 丷 宀 宁 宁 字 |
| 字 | |

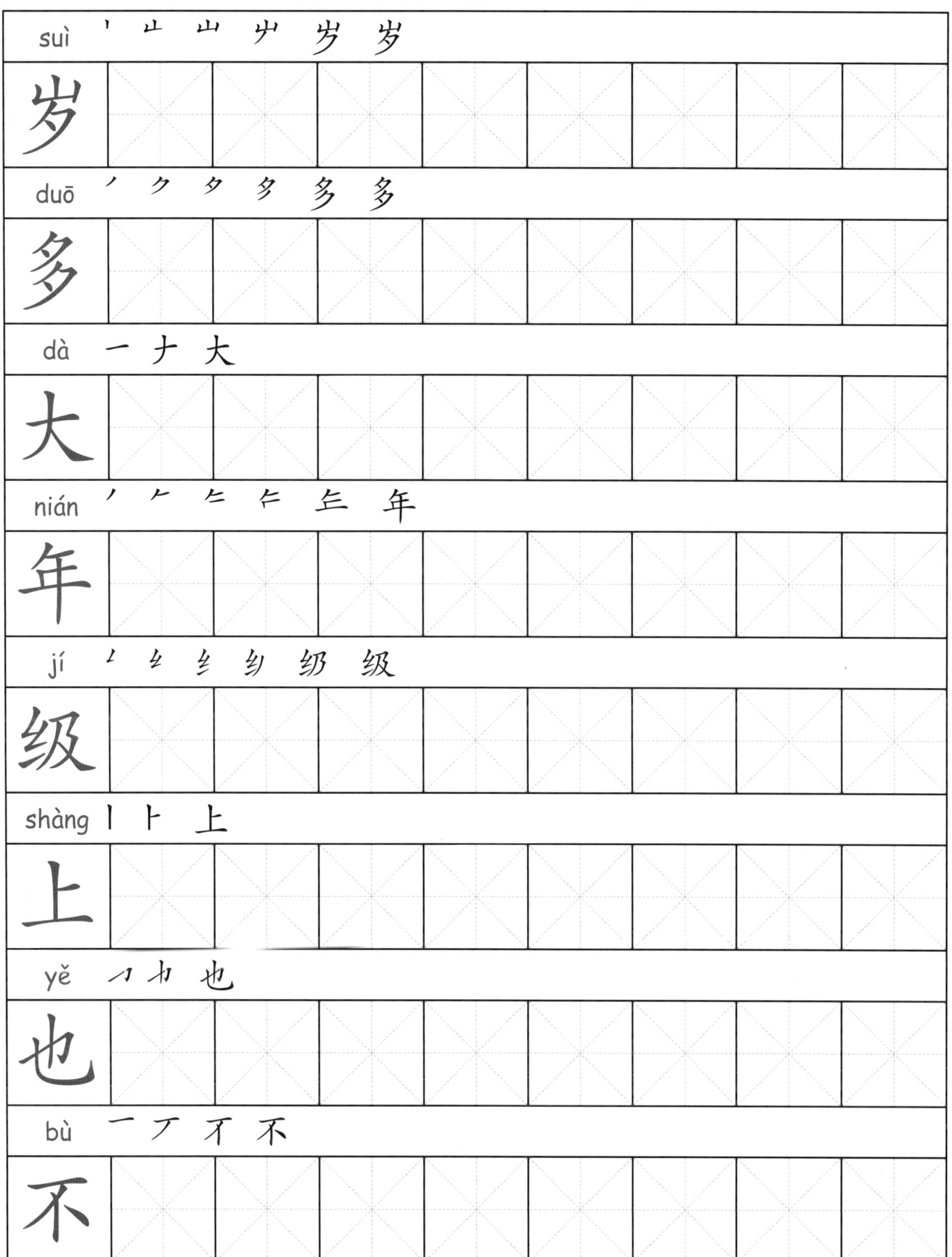

| ma | 丨 冂 口 叮 吗 吗 |

吗

| ne | 丨 冂 口 叮 叮 呢 呢 呢 |

呢

课文二

| tián | 丨 冂 日 田 田 |

田

| ā | 了 阝 阝 阿 阿 阿 阿 |

阿

| yí | く 女 女 女 妇 妇 姆 姨 姨 |

姨

| xiǎo | 亅 小 小 |

小

| nín | 丿 亻 亻 亻 你 你 你 您 您 您 |

您

hǎo	ㄑ 夕 女 女ˊ 好ˊ 好
好	

nǐ	ノ 亻 亻ˊ 亻ˊ 亻ˊ 你
你	

men	ノ 亻 亻ˊ 亻ˊ 们
们	

jīn	ノ 人 𠆢 今
今	

dōu	一 十 土 耂 耂 者 者 者 都 都
都	

zài	一 厂 冂 丙 再 再
再	

jiàn	丨 冂 贝 见
见	

第2单元　第五课　我家有七口人

课文一

bà	ノ 八 ゲ 父 叐 爷 爸 爸
爸	

mā	〈 夕 女 妈 妈 妈
妈	

jiě	〈 夕 女 女ノ 如 如 姐 姐
姐	

mèi	〈 夕 女 女ノ 女二 妹 妹 妹
妹	

gē	一 丆 丐 可 可 哥 哥 哥 哥
哥	

dì	丶 丷 꼭 꽃 弟 弟 弟
弟	

xiōng	丿 口 口 尸 兄
兄	

yǒu	一 ナ 才 冇 有 有
有	

méi	丶 丶 氵 氵 沪 没 没
没	

jiā	丶 丶 宀 宀 宀 宀 宀 家 家 家
家	

rén	丿 人
人	

kǒu	丨 口 口
口	

hái	一 ア 不 不 环 还
还	

hé	丿 二 千 千 禾 和 和
和	

shuí	丶 亻 讠 讠 讠 讠 诈 诈 谁 谁
谁	

shēng	丿 一 二 牛 生
生	

| zhè | 丶 | 亠 | 文 | 文 | 讠 | 这 | 这 | | |

这

| nà | 乛 | 刁 | 丑 | 月 | 那 | 那 | | | |

那

| tā | 丿 | 亻 | 亻 | 仲 | 他 | | | | |

他

| tā | 乚 | 夕 | 女 | 如 | 如 | 她 | | | |

她

| xiǎo | 亅 | 小 | 小 | | | | | | |

小

| zhōng | 丶 | 冂 | 口 | 中 | | | | | |

中

| dà | 一 | 丆 | 大 | | | | | | |

大

| xué | 丶 | 丷 | 丷 | 丷 | 兴 | 学 | 学 | 学 | |

学

课文二

第2单元 第六课 他长什么样 课文一

yǎn	丨 冂 冂 月 目 目ˊ 目⺈ 目⺀ 眼 眼 眼
眼	

jīng	丨 冂 冂 月 目 目ˊ 目⺈ 目⺀ 睛 睛 睛 睛 睛
睛	

bí	´ ⺍ 冂 白 白 自 自 鼻 鼻 鼻 鼻 鼻 鼻
鼻	

zi	乛 了 子
子	

zuǐ	丨 冂 口 口ˊ 叶 吵 吡 呰 啙 嘴 嘴 嘴 嘴 嘴
嘴	

bā	乛 丆 卩 巴
巴	

ěr	一 丅 丌 卄 耳 耳
耳	

duǒ	ノ 几 几 朵 朵 朵
朵	

| tóu 、丶二头头 |
| 头 |

| fà 一ナ为发发 |
| 发 |

| hěn ノノ彳彳彳㣺很很 |
| 很 |

| duǎn ノ丿ㄣ矢矢矢矢知知短短 |
| 短 |

| cháng ノ一长长 |
| 长 |

| zhǎng ノ一长长 |
| 长 |

| yàng 一十才木术术栏栏栏样 |
| 样 |

liǎn	丿 刀 月 月 月 脝 脸 脸 脸 脸 脸
脸	

yuán	丨 冂 冂 冋 冋 㘣 圆 圆 圆
圆	

gāo	丶 亠 亠 咅 咅 户 高 高 高 高
高	

ǎi	丿 丿 匕 午 矢 矢 矢 矢 矢 矮 矮 矮 矮
矮	

pàng	丿 刀 月 月 月 肝 肝 胖 胖
胖	

shòu	丶 亠 广 广 疒 疒 疒 疒 疖 疳 疳 疸 瘦
瘦	

de	丿 彳 彳 彳 彳 彳 彳 得 得 得
得	

dà	一 ナ 大
大	

课文二

xiǎo	亅 小 小
小	

dì	丶 丷 ⺈ 肖 肖 弟 弟
弟	

shàng	丨 卜 上
上	

xué	丶 丶 ⺌ ⺌ ⺍ 学 学 学
学	

hái	一 丆 不 不 不 还 还
还	

第3单元 第七课 我是中国人

课文一

wài	ノ ク タ 列 外
外	

gōng	ノ 八 公 公
公	

pó	、 氵 汁 汁 泸 波 波 波 婆 婆
婆	

yé	ノ 八 ク 父 爷 爷
爷	

nǎi	く 夕 女 奶 奶
奶	

zhōng	丨 口 口 中
中	

guó	丨 冂 冂 月 尸 国 国 国
国	

rén	ノ 人
人	

měi	丶 丶 ゛ ⺷ ⺷ 羊 姜 美

美

yīng	一 十 艹 艹 节 苈 英 英

英

fǎ	丶 丶 氵 氵 汁 汢 法 法

法

dé	丿 丿 彳 彳 彳 彳 德 德 德 德 德 德 德

德

zhù	丿 亻 亻 仁 住 住

住

zài	一 ナ 才 左 在 在

在

nǎ	丶 丨 口 叮 叮 吗 呀 哪 哪

哪

ér	丿 儿

儿

tā ノ 亻 仒 他 他
他

men ノ 亻 亻 仃 们
们

duì フ ヌ ヌ 对 对
对

课文二

xī 一 ㄏ ㄇ 丙 西 西
西

bān 一 = 于 王 王 丑 玎 玡 班 班
班

yá 一 ㄷ 于 牙
牙

é ノ 亻 亻 仁 仟 仹 俄 俄
俄

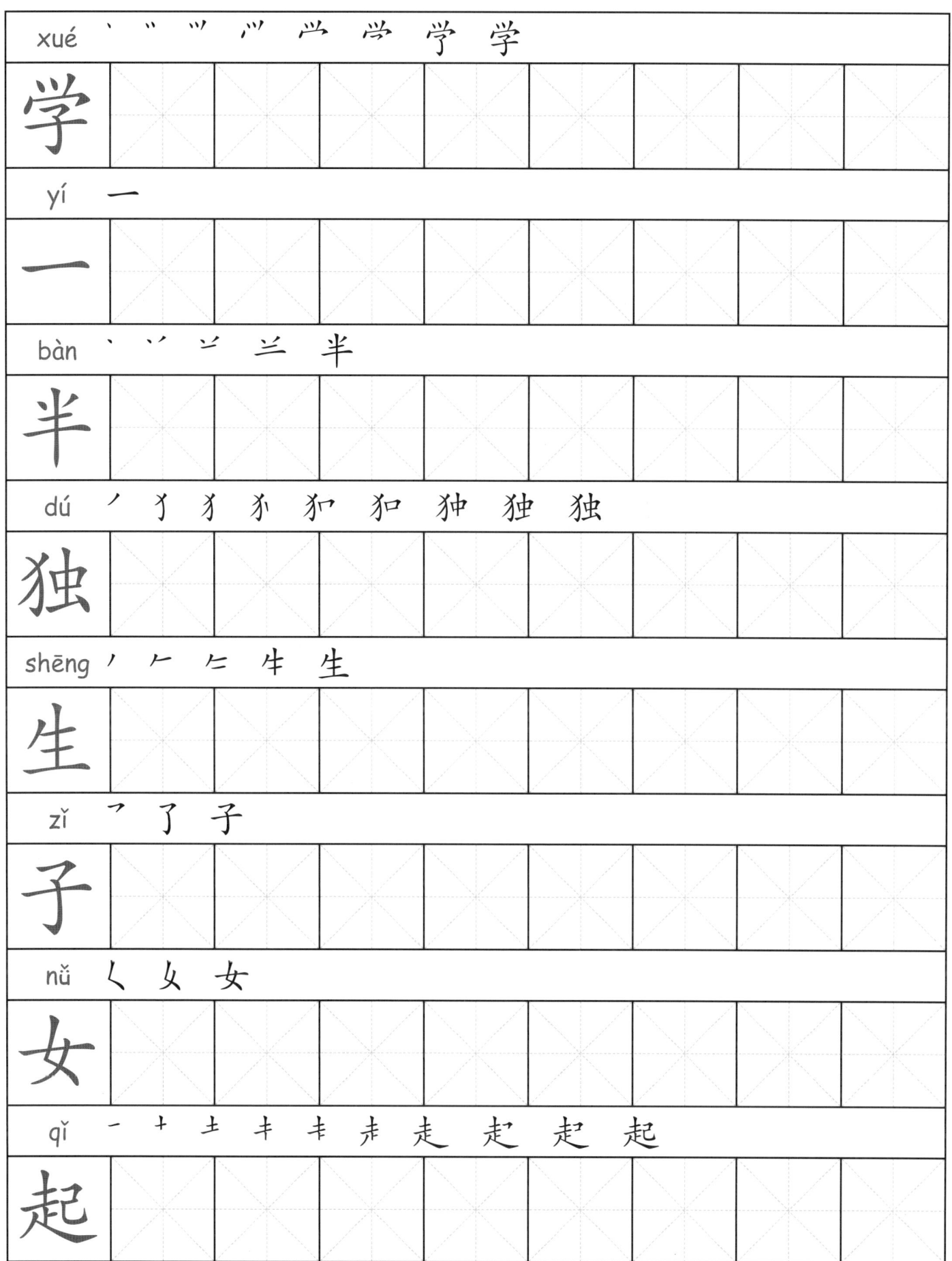

měi	ノ ⺊ ⺇ 每 每 每 每

每

tiān	一 二 于 天

天

dàn	ノ 亻 亻 但 但 但 但

但

shì	丶 冂 日 日 旦 早 早 昰 是

是

zhǎng	ノ 一 长 长

长

dà	一 ナ 大

大

jiā	丶 丷 宀 宁 宁 宇 宇 家 家 家

家

第3单元 第八课 我会说汉语

课文一

lǎo	一 十 土 耂 耂 老
老	

shī	丨 丿 丿 ㇏ ㇏ 师
师	

huì	丿 人 人 众 会 会
会	

shuō	丶 讠 讠 讠 讠 讠 讠 说
说	

yǔ	丶 讠 讠 讠 语 语 语 语
语	

yán	丶 一 一 一 言 言 言
言	

wài	丿 夕 夕 夕 外
外	

hàn	丶 丶 丶 氵 汀 汉
汉	

yīng	一 十 艹 艹 艹 苎 英 英
英	

fǎ	丶 丶 氵 汁 浐 法 法
法	

dé	丿 彳 彳 彳 彳 彳 德 德 德 德 德 德 德
德	

é	丿 亻 亻 仁 仨 俄 俄 俄
俄	

rì	丨 冂 日 日
日	

xī	一 厂 冂 丙 西 西
西	

bān	一 一 一 千 王 王 刊 玗 玭 班 班
班	

yá	一 二 千 牙
牙	

| gēn | 丶 丷 口 口 尸 足 足 趴 趴 趴 跟 跟 跟 |

跟

| yì | 一 |

一

| diǎn | 丨 卜 上 占 占 点 点 点 点 |

点

| ér | 丿 儿 |

儿

课文二

| gōng | 一 丁 工 |

工

| zuò | 丿 亻 仁 乍 作 作 |

作

| máng | 丶 丶 忄 忙 忙 忙 |

忙

shàng	丨 卜 上
上	

xià	一 丁 下
下	

bān	一 二 千 王 王 到 玡 玡 班 班
班	

jīng	乙 纟 纟 红 红 纭 纭 经
经	

cháng	丨 丨 丷 丷 半 半 半 尚 尚 常 常
常	

chū	乚 屮 屮 出 出
出	

chāi	丶 丷 丷 半 羊 羊 差 差
差	

jiā	丶 宀 宀 宀 宀 宁 穷 家 家 家
家	

| tíng | 、 | 一 | 广 | 广 | 庐 | 庄 | 庄 | 庭 | 庭 |

庭

| zhǔ | 、 | 一 | 二 | 宁 | 主 |

主

| fù | 〈 | 夕 | 女 | 刬 | 妇 | 妇 |

妇

| běi | 丨 | 十 | 士 | 北 | 北 |

北

| jīng | 、 | 一 | 广 | 古 | 古 | 宁 | 亨 | 京 |

京

| hǎi | 、 | 丶 | 氵 | 泸 | 汁 | 汒 | 海 | 海 | 海 | 海 |

海

| qù | 一 | 十 | 土 | 去 | 去 |

去

第3单元 第九课 我爸爸是医生

课文一

zuò	ノ 亻 亻 什 什 估 估 估 做 做 做
做	

yī	一 匸 匚 卫 玊 医
医	

shēng	ノ 𠂉 亠 牛 生
生	

yuàn	丶 阝 阝` 阝¨ 阝宀 阝宀 阝宁 院
院	

shāng	丶 亠 亠 立 产 产 育 商 商 商 商
商	

rén	ノ 人
人	

gōng	ノ 八 公 公
公	

sī	丁 刁 刁 司 司
司	

拼音	笔顺	汉字
lǜ	ノ ノ 彳 彳 彳 律 律 律	律
shī	ノ ノ ノ 广 师 师	师
xué	ヽ ヽ ヽ ヽ 兴 学 学 学	学
xiào	一 十 才 木 朽 朽 朽 栌 栌 校	校
suǒ	´ 厂 戶 戶 戶 所 所 所	所
jiāo	一 十 土 耂 耂 孝 孝 孝 孝 教 教	教

课文二

| yín | ノ ト 忙 乍 车 钅 钅 钅 钼 银 银 | 银 |

háng	ノ ノ 彳 彳 行 行
行	

jiā	丶 丶 宀 宀 宁 宁 宇 家 家 家
家	

mì	ノ 二 千 禾 禾 禾 禾 私 秘 秘
秘	

shū	フ コ 书 书
书	

jīng	ㄑ ㄠ 纟 纟 纟 纱 经 经
经	

lǐ	一 二 千 王 丑 珇 珇 珇 理 理
理	

jiǔ	丶 丶 氵 氵 汀 汀 沏 洒 酒 酒
酒	

diàn	丶 一 亠 广 广 庁 庁 店 店
店	

fàn ノ 𠂉 饣 饣 饣 饭 饭
饭

fú) 刀 月 月 刖 肝 服 服
服

wù ノ 𠂉 夂 冬 务
务

yuán 丶 口 口 口 吊 员 员
员

第4单元　第十课　我坐校车上学　课文一

| zuò | ノ | ト | ⺊ | 从 | 丛 | 坐 | 坐 |

坐

| xiào | 一 | 十 | 才 | 木 | 朴 | 杧 | 栌 | 栌 | 柼 | 校 |

校

| chē | 一 | 𠂇 | 车 | 车 |

车

| diàn | 丨 | 冂 | 曰 | 日 | 电 |

电

| gōng | ノ | 八 | 公 | 公 |

公

| gòng | 一 | 十 | 卄 | 艹 | 䒑 | 共 |

共

| qì | 丶 | 冫 | 氵 | 汽 | 汽 | 汽 | 汽 |

汽

| chū | ㄥ | 凵 | 屮 | 出 | 出 |

出

zū	ノ 二 千 千 禾 利 和 租 租 租

租

dì	一 十 土 圠 地 地

地

tiě	ノ ノ 仁 午 乍 钅 钅 铁 铁

铁

zǒu	一 十 土 卡 卡 走 走

走

lù	丶 口 口 口 무 무 足 足 趵 政 政 路 路

路

zěn	ノ 广 仁 乍 乍 作 怎 怎 怎

怎

me	ノ 厶 么

么

| 课文二 |

| xiāng | 丿 一 千 千 禾 禾 香 香 香 |
| 香 | |

| gǎng | 丶 丶 氵 氵 汁 泮 洪 洪 洪 港 港 |
| 港 | |

| guǎng | 丶 一 广 |
| 广 | |

| zhōu | 丶 丿 少 州 州 州 |
| 州 | |

| kāi | 一 二 于 开 |
| 开 | |

| huǒ | 丶 丶 丷 火 |
| 火 | |

| fēi | 乁 飞 飞 |
| 飞 | |

| jī | 一 十 才 木 木 机 |
| 机 | |

chuán	′ ㄏ 亻 丬 夅 舟 舟 舟 舩 船 船
船	

xiān	′ ⺍ 丬 生 步 先
先	

rán	′ ⺈ 夕 夕 夕 夘 狄 狄 然 然 然 然
然	

hòu	′ 厂 厂 斤 后 后
后	

yì	一
一	

bān	′ ㄏ 亻 丬 夅 舟 舟 舟 舩 般
般	

第4单元 第十一课　我家住在大理路 *课文一*

dào	丶 丶 丷 丷 产 产 产 首 首 首 道 道
道	

shì	丶 丶 宀 宀 宀 宁 宝 室 室
室	

lái	一 丆 冂 立 쭈 来 来
来	

hǎo	乚 乄 女 女' 女了 好
好	

diàn	丨 冂 日 日 电
电	

huà	丶 讠 讠 讠 讦 话 话 话
话	

hào	丨 冂 口 므 号
号	

mǎ	一 丆 丆 石 石 石 码 码
码	

duō	ノ ク 夕 多 多 多
多	

shǎo	丨 亅 小 少
少	

ba	丨 口 口 叩 叩 吧 吧
吧	

课文二

huí	丨 冂 冂 冋 回 回
回	

jiā	丶 丷 宀 宁 宁 宇 穷 家 家 家
家	

kě	一 丆 丅 口 可
可	

yǐ	㇀ 丨 㠯 以 以
以	

| jiē | 一 | 十 | 扌 | 扌 | 扩 | 扩 | 护 | 抟 | 接 | 接 | 接 |

接

| sòng | 丶 | 丶 | 丷 | 兰 | 关 | 关 | 关 | 诶 | 送 |

送

| shí | 丨 | 冂 | 日 | 日 | 日- | 时 | 时 |

时

| hòu | 丿 | 亻 | 亻 | 亻' | 伫 | 伫 | 伫 | 俣 | 候 |

候

| shǒu | 一 | 二 | 三 | 手 |

手

| jī | 一 | 十 | 才 | 木 | 机 | 机 |

机

| huì | 丿 | 人 | 人 | 仒 | 会 | 会 |

会

| er | 丿 | 儿 |

儿

第4单元 第十二课 请进

课文一

| qǐng | 丶 | 讠 | 讠 | 讠 | 讠 | 诗 | 诗 | 请 | 请 | 请 |

请

| jìn | 一 | 二 | 丰 | 井 | 井 | 讲 | 进 |

进

| zuò | 丿 | 人 | 𠆢 | 从 | 丛 | 坐 | 坐 |

坐

| hē | 丨 | 冂 | 口 | 口' | 吖 | 吗 | 吗 | 吗 | 吗 | 喝 | 喝 | 喝 |

喝

| qì | 丶 | 丶 | 氵 | 氵 | 汽 | 汽 | 汽 |

汽

| shuǐ | 丨 | 刂 | 水 | 水 |

水

| chī | 丨 | 冂 | 口 | 口' | 吃 | 吃 |

吃

| guǒ | 丨 | 冂 | 日 | 日 | 旦 | 甲 | 果 | 果 |

果

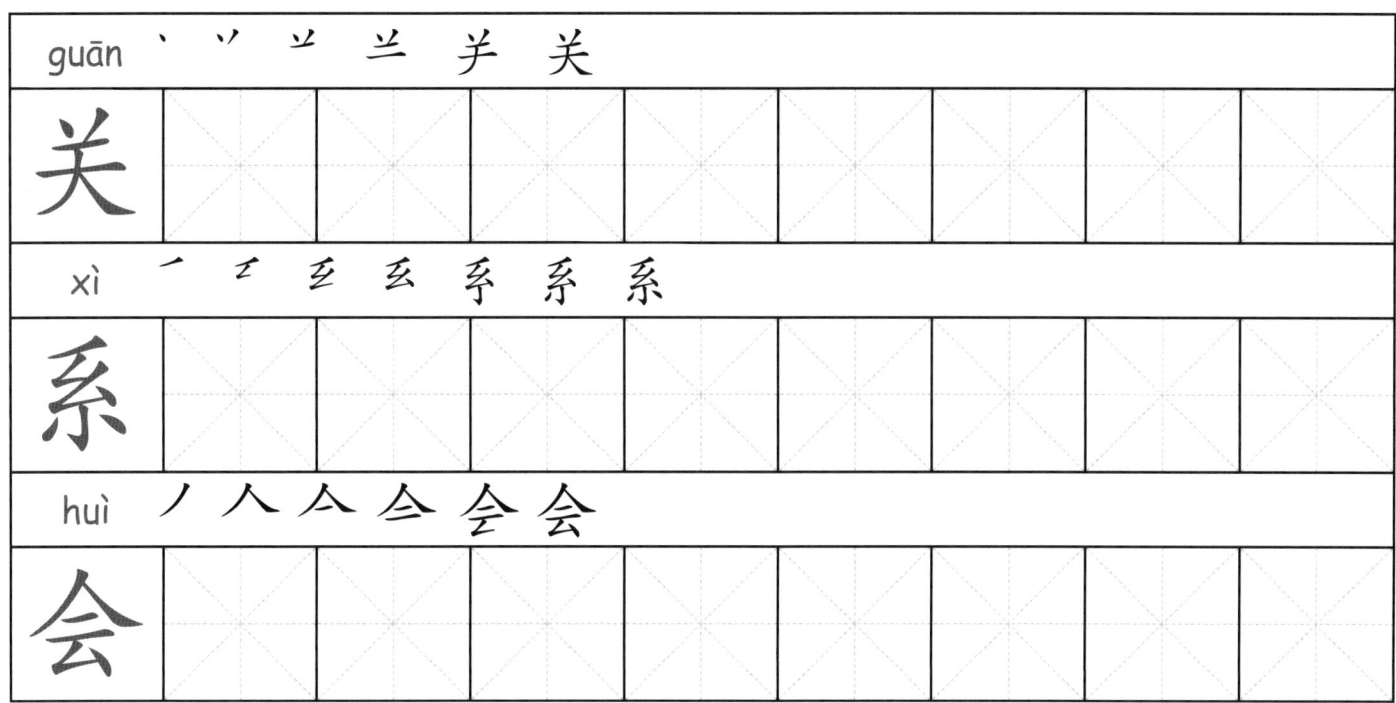

课文二

yì	一								
一									

kāi	一 二 三 开								
开									

shēng	ノ 一 二 牛 生								
生									

rì	丨 冂 日 日								
日									

huì	ノ 人 △ 亼 会 会								
会									

cān	一 △ 厶 歺 叐 参 参 参								
参									

jiā	フ 力 加 加 加								
加									

néng	ノ 厶 亇 亇 育 育 能 能 能								
能									

xíng	ノ ノ 亻 彳 仁 行
行	

dào	一 丆 工 云 至 至 到 到
到	

yǐ	ㄥ ㄥ ㄥ 以 以
以	

qián	丶 丷 䒑 产 芍 芍 肖 前 前
前	

第5单元 第十三课 我六点半起床

课文一

qǐ	一 十 土 キ キ 走 走 起 起 起
起	

chuáng	` 一 广 广 庁 庄 床
床	

zǎo	丨 冂 曰 日 旦 早
早	

wǔ	ノ 𠂉 𠂆 午
午	

wǎn	丨 冂 日 日 日' 日夕 旷 昉 晚 晚
晚	

fàn	ノ 𠂉 𠂉 饣 饣 饭 饭
饭	

kāi	一 二 于 开
开	

shǐ	く 𠃋 女 女 女 女 始 始
始	

shàng	丨 卜 上

上

| kè | 丶 讠 讠 议 识 评 课 课 |

课

| fàng | 丶 亠 方 方 方 放 放 放 |

放

| xué | 丶 丶 丶 丷 쓰 学 学 学 |

学

| zuò | 丿 亻 亻 什 什 估 估 做 做 做 做 |

做

| zuò | 丿 亻 亻 亻 竹 作 作 |

作

| yè | 丨 丨 业 业 业 业 |

业

| shuì | 丨 丨 月 月 目 目 目 盱 睡 睡 睡 睡 睡 |

睡

jiào	、 丶 ハ ツ 兴 兴 学 觉 觉
觉	

课文二

cóng	ノ 人 从 从
从	
dào	一 丆 亞 至 至 到 到
到	
líng	一 丆 币 币 雨 雨 雨 零 零 零 零 零
零	
shí	ノ 人 人 今 今 今 食 食 食
食	
kàn	一 二 三 手 手 看 看 看 看
看	
shū	一 乛 书 书
书	

diàn	丨 冂 冂 日 电
电	

shì	丶 ㇇ 亍 礻 礻 初 视 视
视	

wǎng	丨 冂 冂 网 网 网
网	

yǐ	丶 丷 以 以
以	

hòu	ノ 厂 厂 斤 后 后
后	

shuā	㇇ 刁 尸 尸 尸 吊 刷 刷
刷	

yá	一 二 于 牙
牙	

第5单元　第十四课　我穿校服上学　课文一

nán	丶 口 日 田 田 男 男
男	

nǚ	𡿨 𠄌 女
女	

shēng	丿 𠂉 𠂋 牛 生
生	

yán	丶 亠 亠 立 产 产 产 彦 彦 彦 彦 颜 颜 颜
颜	

sè	丿 ⺈ 𠂉 夕 兔 色
色	

bái	丿 𠂆 白 白 白
白	

hóng	𡿨 纟 纟 纟 红 红
红	

lán	一 艹 艹 艹 艹 萨 萨 蓝 蓝 蓝 蓝 蓝
蓝	

| huáng | 一 | 十 | 卄 | 艹 | 芢 | 苆 | 苬 | 茜 | 苗 | 黄 | 黄 |

| 黄 | | | | | | | | | | | |

| xǐ | 一 | 十 | 士 | 吉 | 吉 | 吉 | 吉 | 吉 | 壴 | 喜 | 喜 | 喜 |

| 喜 | | | | | | | | | | | |

| huān | フ | 又 | 𠂇 | 欢 | 欢 | 欢 |

| 欢 | | | | | | | | | | | |

| xiào | 一 | 十 | 十 | 木 | 术 | 朼 | 朽 | 栌 | 柊 | 校 |

| 校 | | | | | | | | | | | |

| fú | ノ | 几 | 月 | 月 | 刖 | 朊 | 服 | 服 |

| 服 | | | | | | | | | | | |

| chuān | 丶 | 丷 | 宀 | 宀 | 穴 | 空 | 空 | 穿 | 穿 |

| 穿 | | | | | | | | | | | |

| chèn | 丶 | 亠 | 冫 | 衤 | 衤 | 衤 | 衬 | 衬 |

| 衬 | | | | | | | | | | | |

| shān | 丶 | 亠 | 冫 | 衤 | 衤 | 衤 | 衫 | 衫 |

| 衫 | | | | | | | | | | | |

| kù | 丶 | ㇇ | 丆 | 才 | 衤 | 衤 | 衤 | 衤 | 衤 | 裈 | 裤 | 裤 |

裤

| zi | ㇇ | 了 | 子 |

子

| qún | 丶 | ㇇ | 丆 | 才 | 衤 | 衤 | 衤 | 衤 | 裈 | 裈 | 裙 | 裙 |

裙

| tā | ㇛ | 乆 | 女 | 女 | 如 | 她 |

她

| men | 丿 | 亻 | 亻 | 们 | 们 |

们

课文二

| hēi | 丶 | 口 | 口 | 四 | 四 | 甲 | 甲 | 里 | 里 | 黑 | 黑 | 黑 |

黑

| lǜ | 丶 | 乙 | 纟 | 纟 | 纟 | 纟 | 纟 | 纩 | 绞 | 绿 | 绿 |

绿

chéng	一 十 才 木 木' 术' 术" 术" 松 柠 桴 橙 橙 橙 橙
橙	

zōng	一 十 才 木 术 术' 术" 柠 柠 柠 棕 棕
棕	

fěn	丶 丷 ⺍ 并 米 米 米' 粉 粉 粉
粉	

zǐ	丨 卜 止 止 止 此 此 紫 紫 紫 紫 紫
紫	

yī	丶 二 亠 产 衣 衣
衣	

máo	丿 二 三 毛
毛	

cháng	丿 二 长 长
长	

duǎn	丿 丨 二 干 矢 矢' 知 知 知 知 短 短
短	

xù	丶 丶 忄 忄 忄 忙 恤 恤 恤
恤	

niú	丿 𠂉 二 牛
牛	

zǎi	丿 亻 亻 仔 仔
仔	

lián	一 𠂇 𠂇 车 轩 连 连
连	

děng	丿 丿 𠂉 𠂉 竹 竹 竹 笃 笁 竺 等 等
等	

第5单元 第十五课 我的课外活动

课文一

kè	丶 讠 讠 讯 讯 评 评 课 课

课

| wài | 丿 ㄅ 夕 列 外 |

外

| huó | 丶 丶 氵 汀 浐 浐 活 活 活 |

活

| dòng | 一 二 ニ 云 云 动 |

动

| huà | 一 厂 厂 币 币 币 画 画 |

画

| er | 丿 儿 |

儿

| tiào | 丶 丶 口 口 屮 足 趵 趵 趵 趵 跳 跳 |

跳

| wǔ | 丶 丶 仁 仁 仁 乍 无 无 舞 舞 舞 舞 舞 |

舞

yóu	丶 丶 氵 氵 汸 浐 泸 游 游 游 游 游
游	

yǒng	丶 丶 氵 氵 汀 汈 泳 泳
泳	

dǎ	一 十 扌 扌 打
打	

wǎng	丨 冂 冂 冈 网 网
网	

qiú	一 二 T 王 王 玗 玌 玌 球 球 球
球	

huá	丶 丶 氵 氵 汩 汩 涓 浯 滑 滑 滑
滑	

bīng	丶 丶 冫 冫 冰 冰
冰	

tài	一 ナ 大 太
太	

| zhōu | 丿 | 冂 | 月 | 円 | 用 | 用 | 周 | 周 |

周

| mò | 一 | 二 | 丰 | 才 | 末 |

末

课文二

| zhōng | 丨 | 冂 | 口 | 中 |

中

| yīng | 一 | 十 | 艹 | 艹 | 䒑 | 苎 | 英 | 英 |

英

| wén | 丶 | 一 | 亠 | 文 |

文

| ài | ⺍ | 爫 | 爫 | 爫 | 爫 | 爫 | 㤅 | 爱 | 爱 |

爱

| hào | 乛 | 夊 | 女 | 女 | 好 | 好 |

好

tán	弓 弓 弓 弓' 弹 弹 弹 弹 弹

弹

| gāng | 钅 钅 钅 钅 钢 钢 钢 钢 |

钢

| qín | 一 二 千 王 王 王 玨 玨 琴 琴 琴 琴 |

琴

| tīng | 丨 口 口 口 听 听 听 |

听

| yīn | 丶 亠 立 立 产 音 音 音 |

音

| yuè | 丿 二 斤 斤 乐 |

乐

| yùn | 一 二 云 云 运 运 运 |

运

| pǎo | 丨 口 口 口 昆 昆 趵 趵 跑 跑 跑 |

跑

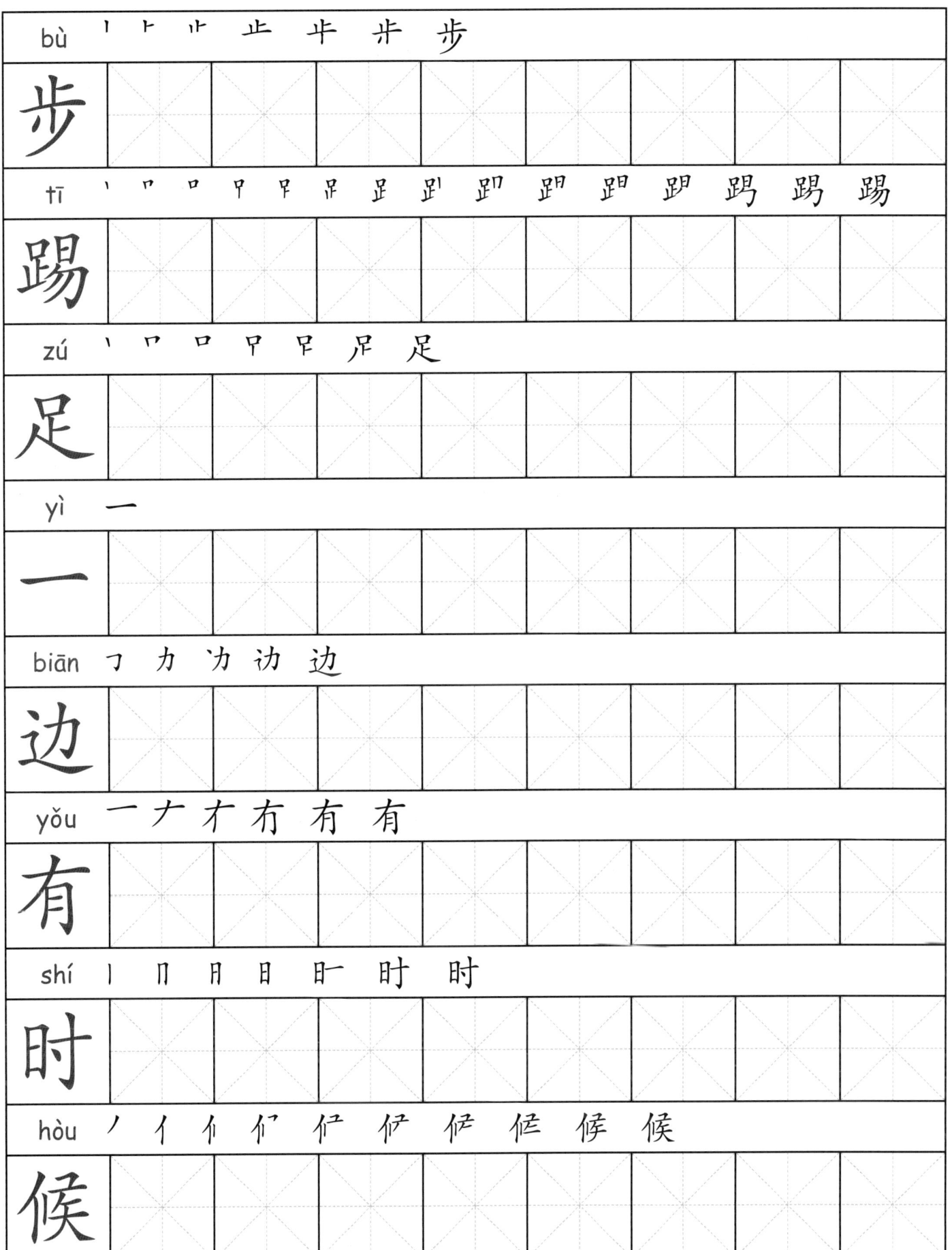

Chinese Made Easy *(Chinese Characters Workbook 1)* *(Simplified Character Version)*

Editor	Zheng Haibin
Cover design	Ren Yuanyuan

Published by
JOINT PUBLISHING (H.K.) CO., LTD.
20/F., North Point Industrial Building,
499 King's Road, North Point, Hong Kong

Distributed by
SUP PUBLISHING LOGISTICS (H.K.) LTD.
3/F., 36 Ting Lai Road, Tai Po, N.T., Hong Kong

Third edition, first impression, December 2018

Copyright ©2018 Joint Publishing (H.K.) Co., Ltd.

All rights reserved. No part of this book may be reproduced, stored in a retrieval system, or transmitted, in any form or by any means, electronic, mechanical, photocopying, recording or otherwise, without prior permission in writing from the publisher.

E-mail: publish@jointpublishing.com

轻松学汉语（汉字练习册一）（简体版）

责任编辑	郑海槟
封面设计	任媛媛
出　版	三联书店（香港）有限公司 香港北角英皇道 499 号北角工业大厦 20 楼
发　行	香港联合书刊物流有限公司 香港新界大埔汀丽路 36 号 3 字楼
印　刷	美雅印刷制本有限公司 香港九龙观塘荣业街 6 号 4 楼 A 室
版　次	2018 年 12 月香港第三版第一次印刷
规　格	大 16 开（210×280mm）64 面
国际书号	ISBN 978-962-04-4418-0

© 2018 三联书店（香港）有限公司